빛의 마을에 산다

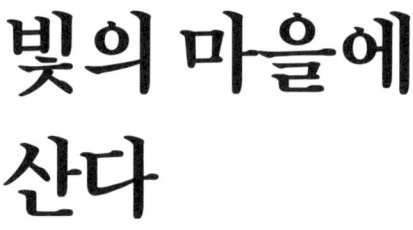

빛의 마을에
산다

한주영 신앙시집

좋은땅

시인의 말

   어느 봄날 저는 돌멩이들이 햇살을 받아 반짝이는 것을 보았습니다. '돌멩이도 천국에서는 금덩이처럼 하나님을 찬양하겠지?'라는 생각이 마음을 스쳤습니다. 믿음의 눈을 열고 선하신 하나님이 창조하신 아름다운 세상을 바라봅니다. 들에 피어나는 작은 꽃들과 풀 한 포기도 하나님을 기쁘게 찬양하는 것을 보았습니다. 저도 낮은 마음으로 하나님을 찬양하며 이 신앙 시집을 냅니다.

   제가 쓴 시가 여러분의 마음에 작은 위로와 평화를 전할 수 있다면, 그것이 제게는 더없는 감사와 기쁨일 것입니다. 언제나 빛이 되어 주신 주님께 영광을 올리며, 모든 독자님께 따뜻한 축복이 깃들길 기도합니다.

차례

1부 / 해바라기의 노래

- 14 해바라기의 노래
- 16 여름에게
- 18 산책할 때마다
- 19 봄의 문턱에서
- 20 새
- 21 새해
- 22 고백
- 23 오늘 할 일
- 24 종이의 꿈
- 26 유리의 집
- 27 8월의 묵상
- 28 촛불
- 29 소낙비
- 30 다 알 수 없지만
- 31 겨울 바다
- 32 흐린 날

33 하늘에

34 담쟁이의 다짐

36 마음의 눈

37 생명의 노래

2부 / 꽃의 기도

40 꽃의 기도

41 목련

42 봄

43 러브레터

44 장미 한 송이

45 속삭임

46 장미 넝쿨

47 6월의 기도

48 찔레꽃

49 모란꽃

50	강아지풀
51	소나무
52	나팔꽃
53	코스모스 연가
54	돌멩이의 기도
55	처음, 마지막
56	시계
57	빚으소서
58	마음의 꽃
60	겨울나무

3부 / 가을하늘에 쓰는 엽서

62	행복
63	편지
64	하루살이의 노래
66	카메라
67	추석
68	연가(戀歌)
69	소망이란
70	소리

72	시선
73	소녀의 기도
74	성경
75	산책
76	새벽의 첫 빛
77	마지막 소원
78	낙엽에 편지를 쓴다면
80	독백
82	사랑
83	다짐
84	환상
86	잔소리

4부 / **사랑은 음악처럼**

88	한 사람
90	언제나
92	평안
93	새해를 맞아
94	사랑이란
95	사랑은 음악처럼

96	봄소식
97	밤의 찬송
98	바라봄의 의미
100	반복
101	바다
102	말씀
103	도우심
104	낙서
106	나무
107	꿈결에 속삭이는 사랑
108	꽃
109	길
110	감기
111	24시간

5부 / 성도의 노래

114	영혼 깊은 곳에서
115	잠
116	중보기도 1
118	중보기도 2

120	영원한 노래
121	아버지
122	언어
124	사마리아 여인
126	모든 사람을 다 아신다
127	미엘 전도사님
128	그리스도인의 노래
129	구원
130	고요한 밤
131	한 해를 보내며
132	함께라면
133	하나님이 계세요
134	겨울을 지나며
135	100가지 중에서
136	12월 31일
137	2월의 소문
138	성도
139	밤
140	찬송

1부

해바라기의 노래

해바라기의 노래

당신의 형상으로 태어나
당신을 닮아가는 꿈을 꾸는
나는

당신을 바라볼 수 있어서
세상에서 가장 행복한 꽃입니다

아침에 눈뜰 때 허무하고
밤에 잠들 때 외롭던 시간
나를 떠나갔습니다

매일 빛 속에서 눈 뜨고
매일 빛 속에서 눈 감는
나는

당신을 사랑할 수 있어서
세상에서 가장 아름다운 꽃입니다

열매를 기다리며

언제나 해의 노래를 하겠습니다

언제나 빛의 기도를 하겠습니다.

여름에게

여름은
복잡함을 버리고
한없이 뜨겁기를 선택한다

사랑하는 것도 아닌
사랑하지 않는 것도 아닌
미지근함은 싫어

어려운 말은 하지 않고
알아듣기 쉬운 말로
한 가지 마음만 그린다

푸른 여름이여
바다 앞으로 나를 데려다주렴
푸르게 바닷물을 덮어쓰고
시퍼런 사랑을 담고 싶다

금빛 여름이여
태양 속에 날 가두어두렴
나도 불처럼 뛰어들어
임 향한 빛으로 타오르고 싶다.

산책할 때마다

햇살에 반짝이는
연둣빛 나뭇잎을 보면
만드신 분께
마음도 반짝입니다

바람에 살랑이는
하얀 풀꽃을 보면
만드신 분께
마음도 살랑입니다

하늘에 흘러가는
솜털 같은 구름을 보면
만드신 분께
마음도 흘러갑니다

산책할 때마다
초록빛으로 차오르는 설렘
우리와 함께 계신
당신을 또 마주치기 때문입니다.

봄의 문턱에서

겨울이 봄을 기다리듯
바람이 꽃에 달려가듯

우리도 주님을 기다리자
우리도 주님께 달려가자

꽃씨를 땅 말고 하늘에 심자
영혼을 땅 말고 하늘에 두자

땅 위의 선물에 매여 있던 욕심은
얼었던 강물처럼 녹아 흘러가거라

하늘의 보물에 눈길 두던 소망은
꿈꾸는 연처럼 드높이 올라가거라.

새

우리 마음에 새 한 마리씩 산다
영원을 갈망하는 새 한 마리
소망의 나무로 데리고 가달라고
끊임없이 부르짖는 새 한 마리
때로는 재잘재잘 끝도 없이 찬양하는
새 한 마리 산다
소리로 가슴이 시끄럽다
가슴마다 지저귀는 소리 하나
놓치지 않고 들으시는구나
감사함으로 고요한 기도 올린다
매일 꿈꾸며 날아갈 하늘이 있다는 것
얼마나 가슴 벅찬 일인지
떨리는 사랑으로 날갯짓 친다.

새해

흰 눈이 아직 깨끗한 길에서
아기 같은 첫날을 만났습니다
힘겨웠던 묵은해와 이별하니
새 소망이 햇살처럼 내립니다

눈물로 얼룩진 지난날에게
안녕! 손을 흔들고
사랑으로 빛나시는 당신께
문안 인사드립니다

당신과 피로 엮어진 사랑이
끝없이 감사합니다
당신께서 내 아버지 되심이
한없이 감사합니다

새해에는 눈물 흘리지
않겠습니다
새해에는 감사 흘리고
다니겠습니다.

고백

어두운 밤 홀로 깨어나도
두렵지 않은 것은
당신의 날개가 어디서나
나를 지키시는 것을 믿기 때문

하는 일이 뜻대로 안 될 때도
소망을 잃지 않는 것은
당신의 손길이 어디선가
나를 위해 일하시는 것을 믿기 때문

아무도 곁에 없을 때도
외롭지 않은 것은
당신의 눈빛이 어디서든
나를 바라보신다는 것을 믿기 때문

당신은 내 마음의 별
꺼지지도 사라지지도 않는
영원한 별
나도 당신의 별이었으면 좋겠습니다.

오늘 할 일

꿈결에
오늘 할 일 목록
메모에 적어 주셨다

많이 사랑할 것
많이 기뻐할 것
많이 감사할 것
많이 행복할 것

잠결에
네! 대답하고
마음에 옮겨 적었다.

종이의 꿈

당신을 알면 알수록
나의 구겨진 마음은
점점 펴지기 시작했습니다

어두운 얼룩 조각이라도
새하얀 눈처럼 깨끗이 지우시는
당신의 놀라운 솜씨는
사랑

흐릿한 눈물 자국까지도
반짝이는 유리처럼 맑게 닦으시는
당신의 놀라운 손길은
사랑

그 사랑 안에서
나는 더 이상 폐지가 아닙니다
기지개를 켜듯 가슴을 활짝 폅니다

이제 나의 빈방
당신의 빛으로 채우려고
공간을 온전히 내어드립니다

누구도 구길 수 없는
빛나는 지평선으로 펼쳐져
당신의 글씨를 적겠습니다.

유리의 집

그분 앞에 서면
마음은 유리의 집

내가 사랑한다 쓰면
책처럼 또박또박 크게 읽으시고
내가 미워한다 쓰면
매캐하고 더러운 연기를 보신다

어떤 것도 숨길 수 없다
그분 앞에 서면
아침 세수를 하기 전
마음을 씻어야 한다

풀잎은 이슬로 마음을 씻듯
꽃은 바람으로 마음을 씻듯
빛으로 마음을 씻어야 한다

그분 앞에 서면
마음은 유리의 집.

8월의 묵상

여름날 시냇물처럼
가슴속 항상 흘러가는
당신의 사랑은
나를 시원하게 합니다

여름날 나무처럼
커다란 그늘 드리우는
당신의 보호는
나를 쉬어가게 합니다

여름날 바람처럼
지친 마음 어루만지시는
당신의 손길은
나를 행복하게 합니다

당신을 사랑하기 위해
지구상에 태어난 나는
당신께 사랑받고 살기에
무더위 속에서도 웃음꽃 피웁니다.

촛불

연약한 육체가
그만 스러진다고 해도
간절한 기도는 살아서
사랑하는 사람들을 지키겠지
심지를 견고하게 하고
이 몸을 녹여 타오르는 수밖에
너를 지킬 다른 길이 없구나
칠흑 속에서도
그분께서 선하셔서
반드시 들으시는 줄을 믿고
죽을힘을 다해 빛을 내었던 시간들.

소낙비

하늘에서 떨어지는
소낙비를 보며
당신께 닿고 싶은 마음
우수수 시끄럽습니다

나의 마음이
물처럼 깨끗하여
당신의 음성이
큰 소리로 들릴 수 있다면

나의 마음이
땅처럼 겸손하여
당신의 마음을
큰 소리로 받아낼 수 있다면

세차게 내리치는 빗방울
머뭇거리지 않고
당신과 하나가 되고 싶은
나의 그리움과 같습니다.

다 알 수 없지만

창으로 들어오는 햇빛을
다 잡을 수 없지만
따뜻합니다

지구에 비치는 은혜를
다 헤아릴 수 없지만
광대합니다

나에게 부으신 사랑을
다 깨달을 수 없지만
행복합니다.

겨울 바다

당신께서 지으신 바다가
풍경이 됩니다
당신께서 지으신 내가
주인공이 됩니다

해변을 고요하게 거닐며
수평선 너머로 당신을 그립니다
무한한 깊이의 눈빛
끝없는 넓이의 품 안

바다의 깊이를 보며
당신의 참으심을 헤아리고
바다의 넓이를 보며
당신의 품으심을 깨닫습니다

감사의 물결이
푸른 산처럼 크게 일렁입니다
사랑의 파도가
하얀 꽃처럼 환하게 밀려옵니다.

흐린 날

추적추적
겨울비 내린다
비 그치고 무지개 비치듯
이 슬픔도 끝이 있겠지
연약하여 아픈 날에도
은혜는 눈물의 진주로
투명하게 반짝이더라
세상 끝날 때까지 함께하겠다는 약속
칠흑 속의 별처럼
쓰러진 나를 매번 일으키고
겨울밤 은하수처럼
멈추지 않는 노래가 되어
가슴속을 흘러가더라.

하늘에

나의 소망은
겨울밤 마른 하늘에
고아한 별처럼 걸려 있습니다

바람이 불어오고
눈서리가 내려도
꺼지지 않는 영원한 빛

아무도 닿지 못하는 곳에
천상의 소망으로 빛나는
나의 별이 밤을 수놓고 있습니다

발걸음은 땅을 밟아도
나의 시선은 하늘에 있어
보석을 눈망울에 가득 담습니다.

담쟁이의 다짐

허공을 향해 손 뻗어도
나는 알고 있습니다
무엇을 잡아야 할지
어디로 가야 할지

내게 주어진 사명은
살으라는 것입니다
고속도로 회색빛 방음벽
벽을 감싸고 살으라는 것입니다

소음 속에서도
매연 속에서도
수직으로 아찔하게 뻗은 방음벽
손바닥 체온으로 감싸며 올라갑니다

도시의 차가움을 덮어주는
커다란 녹색 담요
한강 물결처럼 넓게 일렁이며
고속도로 잿빛 눈물을 닦겠습니다

절망은 푸름으로 물들이고
어둠은 끈질기게 감싸고서
생명은 다시 태어날 수 있음을
누군가에게 꼭 말해주겠습니다

허공에 손 뻗어
벽에 푸른 길을 내며
그리운 하늘에 닿는 꿈을 꿉니다.

마음의 눈

땅의 법칙은
판단은 너에게, 사랑은 나에게

하늘의 법칙은
판단은 나에게, 사랑은 너에게

마음의 눈을 뜨고 길에 불을 환히 컨다
지나가는 생각들을 점검해 보아야 한다

남을 판단하는 생각은 빨리 내보내고
남을 사랑하는 마음은 붙잡아야 한다

미움을 살아내는 순간은 비우고
사랑을 살아내는 시간은 채우고

마음속 작은 돌멩이들 치우다 보면
주님께로 가는 길이 눈 맑게 보인다.

생명의 노래

풀 한 포기 피는 곳이면
당신을 기억하겠어요

햇살 한 줄 드는 곳이면
당신을 찬양하겠어요

공기 한 줌 있는 곳이면
당신께 감사하겠어요

내가 살아 있는 곳이면
당신을 사랑하겠어요.

2부

꽃의 기도

꽃의 기도

새벽에 움츠러든 것을 회개합니다
따스한 햇살을 주셔서 감사합니다
꽃잎으로 당신께 영광을 돌립니다

지는 것을 서글퍼하지 않겠습니다
떠날 날을 겸손히 기억하겠습니다
아름다운 열매 맺도록 도와주세요.

목련

당신께서 내게 오신 후에
아무도 나를 해치 못하니

어둠이 무엇인가요?
슬픔이 무엇인가요?

고아한 꽃이지만
나는 외로움을 모릅니다

나를 구원하신 큰 기쁨만
흰 그릇에 소복이 담아요

이 땅에서의 생은 짧지만
순결의 향기 흩뿌립니다.

봄

잡아보지도 못한 손인데
이렇게 따뜻해서 어떻게 하나요

안겨보지도 못한 품인데
이렇게 포근해서 어떻게 하나요

바라보지도 못한 눈인데
이렇게 아름다워서 어떻게 하나요

보이지 않는 사랑이지만
온 땅에 숨을 쉬는 하나님 사랑

도무지 감추지 못한 당신의 사랑이
자꾸만 가슴 뛰게 보이니 어찌하나요.

러브레터

봄날 바람에 편지가 날고 있었다

너의 존재함이 나의 기쁨이다
너를 바라봄이 나의 기쁨이다
너를 사랑함이 나의 기쁨이다
너와 함께함이 나의 기쁨이다

꽃잎으로 쓰인 글씨가 보였다.

장미 한 송이

가시로 마음 찔린 날에도
진한 향기 내뿜고 싶었다
새빨갛게 고백하고 싶었다

꽃잎 한 장도
귀하게 존중하시는 분
잎새 한 장도
하찮게 여기지 않으시는 분

하늘 아래 의지할 것은
오직 당신뿐
땅 위에 본받을 것은
더욱 당신뿐

수줍게 노래 부르는
나에게
빨간 등불 켜주셨다.

속삭임

나비 날갯짓이라도
그분을 위해
어여쁘게 날아다닐 수 있기를

작은 꽃잎이라도
그분을 위해
아름답게 피어날 수 있기를

가느다란 촛불이라도
그분을 위해
세상에 빛을 낼 수 있기를

연약한 몸과 마음이라도
그분을 위해
오늘도 힘차게 살아갈 수 있기를.

장미 넝쿨

부드러운 꽃잎
흔들려도
나는
연약한 꽃이 아니다

사랑한다
사랑한다
쉽게 말하지 않는
깊은 입술

가시의 고통을 품고도
너를 지키리라
헌신의 상처를 넘어서
너를 세우리라

사랑의 무게 견디며
고개를 떨군다
붉은 피 토하며
내 마음 모르는 너를 위해.

6월의 기도

누군가 속절없이 미워질 때
나무와 풀 사이를 서성이며
연두색 바람을 호흡합니다

내 품에 끌어안고 있어봤자
뾰족 가시처럼 아픈 미움을
6월의 바람결에 흘려보냅니다

장미처럼 붉은 피 흘리시며
내 죄 덮고 순결하게 피어나신
당신의 사랑을 떠올립니다

모래알같이 무수한 죄를
한없이 용서받은 죄인입니다
내가 누구를 미워할 수 있을까요

사랑으로 허다한 죄를 덮겠습니다
당신께서 내게 그러하셨듯이
그를 죄 없다 하겠습니다.

찔레꽃

속으로 삼킨 눈물의 덤불
아프지 않다면 거짓말
가시의 희망은 흰 꽃이다

아픔의 잔가시 인내하며
가느다란 노랑 꽃술
힘껏 내민다

하얀 꽃잎으로
머리에 면류관 쓸 그날까지
찔레꽃 한 무더기
꽃향기 가득 풍길 그때까지

하늘만 바라보며
견디어 낼 수 있는 시간
마음에 엉킨 서러움은
이제 용서하련다

나의 머리는 순백의 꽃이기에.

모란꽃

아픔을 숨길 필요가 없는
사랑이 내게 있었다
절규 같은 울음 터뜨려도
묵묵히 안아주는
하늘 같은 품으로
앞으로 달려가도 뒤로 달려가도
항상 한 자리에 팔 벌리고 계신
바다 같은 품으로
말 못 할 아픔을 피로 토한다
검붉게 토하는 와중에 들린다
임마누엘 하나님
우리와 함께 계신다.

강아지풀

당신께서 왼쪽이면
왼쪽으로 가겠습니다

당신께서 오른쪽이면
오른쪽으로 가겠습니다

나의 연두색 꼬리는
당신의 눈빛을 따라
수천만 번 움직이는 걸음

보송한 솜털 속에
알알이 열매가 익는 날까지
사랑의 고개를 숙이겠습니다.

소나무

소나무처럼 기도해 보자

사시사철
화려하지 않은
수수한 푸르름으로
남들이 환호하지 않아도
남들이 쳐다보지 않아도
늘 같은 시간 한 자리에서
주님의 이름만 부르며
기도해 보자

응답의 시간은
나의 결정이 아니요
주님의 뜻을 기다리며
세월의 풍파도 올곧게 참아내자
하늘 향해 두 팔 굳세게 올린
365일 늘 푸른 소나무처럼
매일 한결같이 기도해 보자.

나팔꽃

초록의 덩굴 속에서
보랏빛 옷 수줍게 입고
기쁜 소식 전하러 나왔어요

선선한 아침 바람에
나팔을 불어요
사랑하는 마음 들리시나요

노을 지는 저녁은
고요히 꽃잎 오므리며
오늘의 나를 반성하는 시간

아침이면 이슬 한 방울 머금고
사랑하는 당신께
다시금 꽃잎을 활짝 펼치겠어요.

코스모스 연가

나는 코스모스 꽃
꽃 이름의 뜻은 우주이니
작은 꽃잎에 하늘을 담습니다

땅에 발을 딛고 서서
하늘로 목 길게 뻗은 나의 사랑

매일의 바람에도 흔들리나
싸늘한 비에도 꺾이지 않아
여린 마음은 접어두렵니다

긴 여름을 조용히 기다려
농익은 가을 햇살이 닿았을 때
꽃잎으로 마침내 피어난 나의 열정

분홍으로 하양으로
송이송이
웃음을 터뜨리고 사랑을 수놓아
부드러운 물빛 하늘에 닿으렵니다.

돌멩이의 기도

그분 앞에서는
돌멩이도
시인이 되고 싶다

흙 덮인 나에게도
영혼이 있어

진주처럼 반짝이길
신부처럼 순결하길
빨래처럼 하얗기를

꽃에 속삭이듯
바람과 대화하듯
그분께 간절히 이야기했다

저를 깨끗하게 해주세요
오직 당신만을 노래하겠습니다.

처음, 마지막

마음을 투명하게 읽고도
가난을 바닥까지 보고도
슬픔을 심연까지 알면서도

나를 떠나지 않은 단 하나의 사랑,
처음이었습니다

약한 눈물을 읽고도
악한 심성을 보고도
얕은 가벼움을 알면서도

나를 위해 죽어버린 단 하나의 사랑,
마지막이었습니다.

시계

나의 마음은 그분의 시계

움직이면 바로 읽으시죠
소리 내면 바로 들으시죠
1초 1초 나를 사랑하시기에

나의 느낌 째깍째깍
나의 생각 똑딱똑딱
순간까지 사랑하시는 그분과 함께
영원까지 예쁜 시간을 채워갈래요

기쁨의 초침으로
감사의 분침으로
사랑의 시침으로

보시기에 좋았더라 하시도록.

빚으소서

동굴 같은 깊은 겨울 속에서
나를 건지시는 분이시여

얼음처럼 차가운 어둠 속에서
나를 만나시는 분이시여

칼처럼 날카로운 절규 속에서
나를 감싸시는 분이시여

눈물의 고통이 없었다면
쾌락 속에 남았을 죄인입니다

심연으로 몸을 엎드립니다
조개의 진주로 나를 빚으소서.

마음의 꽃

힘들면 힘들수록
당신께 더욱 간절히
기도하며 살 것입니다
당신을 의지하고 사랑하며
시간을 보낼 것입니다

잘 되면 잘 될수록
당신께 더욱 열심히
기도하며 살 것입니다
당신을 바라고 그리워하며
이웃을 사랑할 것입니다

그리하여 내 삶은
밤이 오나 낮이 오나
늘 당신을 깊이 사모하고 사랑하겠습니다
늘 당신과 함께 살겠습니다

순전한 사랑의 마음을 주신
사랑의 신이시여,
당신의 아름다움을 기뻐하여
내 영혼에 매일 꽃이 핍니다.

겨울나무

소망이 있다는 것은
기나긴 겨울을 버티게 한다
매서운 바람이 나를 치고 간다
강추위와 눈보라를
헐벗은 몸으로 정직하게 견딘다
죄는 회개해도 변명은 하지 않겠다
마주치는 눈빛마다 차가워도
죽고 싶은 마음은 지웠다
죽음보다 더 강한 사랑이
내 속에는 있지 않은가
잎새 한 장 없는 앙상한 가지뿐이라도
그분의 피는 수액 안에 붉게 섞여 흐르고
움트는 생명은 밑동부터 뜨겁다
겨울은 한 번도 추위로 끝나지 않는다
하나님은 나의 봄을 마련하신다.

3부

가을하늘에 쓰는 엽서

행복

엄마 품에 아기 되어
한없이 평온한 마음

사랑받는 신부 되어
꽃으로 피어나는 마음

푸른 하늘 무지개 되어
해맑게 미소 짓는 마음

아무도 흔들지 못하네
아무도 슬프게 못하네

내 안에 주님 계시네
주님 안에 내가 있네.

편지

가을입니다
걸으며 여쭤봅니다
당신은 어디 계실까요

바람 속에 계실까요
낙엽 아래 계실까요
구름 위에 계실까요

나의 앞에 나의 뒤에
나의 아래 나의 위에
나의 옆에 나의 곁에

이유도 없이 조건도 없이
사방으로 함께 계신 당신
가을밤도 외투처럼 따뜻합니다.

하루살이의 노래

나 하루를 살아도
당신을 사랑하며
살기 원합니다

나 하루를 살아도
당신의 영광 높이며
살기를 원합니다

나 하루를 살아도
당신을 위해
죽기를 원합니다

당신이 내가 사는 이유
당신이 내가 죽는 이유가
되기를 원합니다

그리하면
나는 하루살이라도
참으로 행복하고 아름다운 날을
살겠습니다.

카메라

꿈꾸는 가을 하늘
드넓은 운동장
아이들이 공 차고 논다
무엇을 먹을까 무엇을 입을까
근심 걱정 하나 없이
푸른 하늘로 푸른 잔디로
사슴처럼 뛰어다니는
아이들의 머리카락에
금빛 햇살 머문다

평화로운 순간의 사진은
하나님께서 이 땅으로
값없이 떨구신 보석들,
파노라마로 반짝인다
눈 뜨고 보면
감사할 것뿐이었던
내 인생의 카메라로
찬양의 사진을 찍는다.

추석

하늘과 바다와 햇빛을
병풍처럼 두르시고
사랑을 가득 심으신 하나님

나무와 열매와 곡식을
보석처럼 장식하시고
풍성한 선물로 주신 하나님

강과 산과 들에
자연의 풍요를 채우시고
건강하게 살라 하신 하나님

하나님의 넉넉한 손길
하나님의 충만한 은혜
덩실덩실 춤추는 가을.

연가(戀歌)

드라이기로 머리카락 말리며
사랑의 증거를 발견한다
아기 때부터 머리털을 주시고
떨어지고 또 자라나게 하시는 분
머리카락 한 올 한 올 세어 두시는
하나님의 신비한 사랑을 생각한다
사람의 몸 뼛속 깊이
이미 다 사랑으로 알고 계신 분
따스한 봄바람도 아닌,
선선한 가을바람도 아닌,
뜨거운 드라이기 바람에도
귓가에 부드럽게 속삭이시는
하나님의 사랑을 멈추어 들어본다

나의 머리카락이여,
낙엽처럼 떨어지는 순간까지
그 사랑을 노래하고 기념할 수 있기를.

소망이란

마음이 컴컴해지면
해와 달과 별을 지으신
하나님을 생각했다

마음이 어지러워지면
하늘과 꽃과 구름을 지으신
하나님을 생각했다

마음이 외로워지면
땅과 바다와 나를 지으신
하나님을 생각했다

버틸 수 있었다
살아갈 수 있었다
다시 꿈꿀 수 있었다.

소리

낙엽이 바람에 휘날리는 소리
낙엽이 땅으로 내려앉는 소리
낙엽이 땅에서 부서지는 소리

그 섬세한 소리를 들으시는 분
우리의 기도를
듣지 않으실 리 없다

낙엽 소리보다
얼마나 큰 소리인가
낙엽 무게보다
얼마나 깊은 무게인가

우리네 삶은

우리가 바람에 휘날리고
우리가 땅으로 내려앉고
우리가 땅에서 부서질 때

그분께서는 선하셔서
진심의 소리를 놓치실 리 없다는
확신이 들었다

낙엽 한 장의 소리에.

시선

세상 그 무엇보다 높으신 분
낮은 존재를 바라보시네

사람들이 잊고 사는 들판의 꽃
하나님은 예뻐하시네

사람들이 관심 없는 무명의 시
하나님은 읽어보시네

사람들이 스쳐 가는 작은 영혼
하나님은 돌아보시네

세상 그 무엇보다 거룩하신 분
죄 많은 나를 사랑하시네.

소녀의 기도

바람에 기도를 띄웁니다
낙엽처럼 또르르 굴러가서
당신께 닿을 거라 믿어요

강물에 기도를 띄웁니다
종이배처럼 사뿐히 흘러가서
당신께 닿을 거라 믿어요

답장이 바로 오지 않아도
늘 받고 계시단 걸 믿어요
늘 듣고 계시단 걸 믿어요

꽃잎으로 한 장씩 모으셔서
어여쁜 꽃다발로 주실 것을
기쁨으로 소망하며 살아요.

성경

아무도 채울 수 없는
깊은 외로움의 구멍을
채워주는 커다란 샘이 있었습니다

아무도 메우지 못한
짙은 허무함의 그늘을
덮어주는 완전한 빛이 있었습니다

아무도 해결치 못한
영혼의 헤매는 미로를
끝내시는 영원한 길이 있었습니다

아무도 맞추지 못한
인생의 불완전한 퍼즐을
완성시키는 무한한 사랑이 있었습니다.

산책

가을을 밟으며 걸었다
혼자서 즐겁게 걸었다
외롭지가 않았다
혼자라도 혼자가 아니다

젖은 낙엽처럼 내 가슴에
딱 붙어 떨어지지 않으시는
그분과 함께 걸었다

낙엽 소리 들으며 걸었다
일부러 소리 내며 걸었다
그립지가 않았다
혼자라도 혼자가 아니다

나와 같이 낙엽 소리까지
가만히 숨죽여 귀 기울이시는
그분과 함께 걸었다.

새벽의 첫 빛

새벽에 처음 눈떴을 때
무의식과 의식의 바다에서
어둠의 끝과 희뿌연 시작의 물결 속에

빛이신 주님이
우리와 함께 계신다는 것을
떠올리면
얼마나 큰 위안이 되는지요

우리의 마지막까지 함께하실
주님의 약속을
기억하면
얼마나 큰 용기를 주는지요

존재의 허무함을 녹이시는
온 세상의 빛이시여

오늘 아침도 힘차게
바다에 배를 띄웁니다.

마지막 소원

떠나는 마지막 순간
주님의 아름다운 모습 보길 바랍니다
평생 마음속 그려온 그 얼굴
낯설지 않고 친숙하기를

눈감는 마지막 순간
주님의 환한 미소 보길 바랍니다
믿음 소망 사랑 나눠주며
굳세게 살아왔다 칭찬받기를

호흡의 마지막 순간
주님의 크신 은혜 있길 바랍니다
간절히 기도했던 사랑하는 사람
나 없는 곳에서도 지켜주시기를.

낙엽에 편지를 쓴다면

쌀쌀한 바람이 옷깃을 스치고
낙엽이 바스락거리는 계절에
나의 마지막 순간을 떠올렸습니다

잎새가 출발한 뿌리가 있듯
돌아갈 흙이 있음을 기억했습니다

사랑에 물든 나뭇잎처럼
내 눈빛은 당신께 물들고
내 심장은 당신께 또 물들어
날개 달린 음표 하나하나로
하늘로 날아올라
지치지 않는 음악을 연주하겠다고
다짐했습니다

언젠가 내가 떨어지는 날은
당신의 품에 안겨서
다시 생명의 꽃으로 피어나리라는
영원의 소망을 품고
낙엽 한 장마다
당신의 이름을 새기면
깊은 밤에도 빛이 타올랐습니다.

독백

제 안에
눈물의 샘이 있다는 것
이 세상에
주님만이 그 깊이를 아십니다

하지만 그 샘으로
제가 당신을
얼마나 크게 의지하는지요

주님의 팔에 꼭 붙어
주님의 품에 꼭 안겨
숨을 들이쉬고 숨을 뱉습니다

나는 더욱 낮아지고
주님은 더욱 높아지는
은총의 자리에서 무릎을 꿇습니다

더욱 열심히 기도하는 자로
더욱 뜨겁게 사랑하는 자로
매 순간 다시 태어나겠습니다.

사랑

사랑이라는 단어는
하나님이 우리에게 주신
따뜻한 씨앗이다
외로운 날에도
사랑이란 단어를 떠올리면
마음의 밭에 작은 꽃이 피어난다
추운 날에도
사랑이란 단어를 불러내면
영혼의 뜰에 작은 불빛이 솟는다
사랑이란 행동뿐 아니라
사랑이란 언어 속에도
하나님이 살아계신 것이다
하나님은 사랑이시다
사랑이라는 말은, 그러므로
우리 마음에 더 많이 비춰야 한다
우리 가슴에 더 깊이 흘러야 한다.

다짐

천국에는 눈물이 없다
천국에는 사랑만 있다
죄를 회개하는 것 외에는
다시 눈물 흘리지 않으리
나를 위해 흘리는
부질없는 눈물 속에
하나님은 대체 어디 계신가
겨울을 봄으로 바꾸시고
흙에서 생명 나게 하시는
진실하고 진실하신
하나님께서 살아계신 한은
내 영혼은 감사와 기쁨으로
꽃단장하고 따스한 볕을 쐬리라
나를 위해 흘리는 슬픈 눈물은
강물에 띄워 보낸다
안녕.

환상

예수님 얼굴은
미소 띤 얼굴

우리 아픔 헤아리시려고
우리 슬픔 위로하시려고
우리 눈물 닦아주시려고

가장 낮은 자리에서
사랑하시네
어제도 오늘도 내일도

예수님 얼굴은
피 묻은 얼굴

우리 죄짐 짊어지시려고
우리 멍에 풀어주시려고
우리 영혼 살려주시려고

십자가에 못 박히고
목숨 주셨네
과거도 현재도 미래도.

잔소리

우리에게 매일 들리는 잔소리
사랑이 담긴 부드러운 잔소리

오늘 하루도 해처럼 따스하게 지내라
오늘 하루도 눈처럼 깨끗하게 지내라
오늘 하루도 꽃처럼 예쁘게 지내라
오늘 하루도 별처럼 빛나게 지내라
오늘 하루도 달처럼 고요히 지내라

오늘도 되풀이되는 다정한 잔소리
하나님 아버지로부터 오는 잔소리.

4부

사랑은 음악처럼

한 사람

이 세상에
단 하나뿐인 향기와 모양의
꽃이 있다면 얼마나 특별할까

당신은
단 하나뿐인 꽃보다
단 하나뿐인 별보다
단 하나뿐인 사람
수백억 중에 단 하나뿐인 사람

이전에도 아예 없었고
앞으로도 영영 없을 사람
그게 바로
하나님 앞의 당신

세상에 단 하나뿐인 미소
세상에 단 하나뿐인 노래
세상에 단 하나뿐인 기도
세상에 단 하나뿐인 영혼

하나님의 눈빛 안에 거하면
자신이 귀하지 않을 수 없다
남 또한 귀하지 않을 수 없다.

언제나

현대인은
일정이 분주하여
약속과 만남이 쉽지 않지만

내게 언제나
소중한 시간을
내주시는 분이 있어요

나의 고백과 음성
언제나 듣기를
원하시고

나의 노래와 기도
언제나 듣기를
원하시고

나의 얼굴과 눈빛에
언제나 평강 주시길
원하시는

사랑의 균형이
잘 맞지 않아 삐걱대는
황송한 약속과 만남이 있어요.

평안

주님의 품 안은 고요한 하늘
구름 하나 되어 흘러가고 싶은

주님의 품 안은 청명한 공기
꽃 한 송이 되어 숨 쉬고 싶은

주님의 품 안은 잔잔한 호수
배 한 척 되어 떠다니고 싶은

주님의 품 안은 안전한 둥지
새 한 마리 되어 머물고 싶은.

새해를 맞아

하나님의 만드심이 신기하다
매번 새로운 365일을 주시려고
지구를 공전하게 하심이 신기하다
공전하는 지구를 타고 새해를 받는다

365일만큼의 아침과 낮과 밤
365일만큼의 웃음과 사랑과 기쁨
끊어서 우리에게 주신 것이 신기하다

지구도 만드시고 우주도 만드시고 반대로
우주도 한마디로 없앨 수 있으신 분
하나님 앞에 이렇게 작은 존재인 인간을
죽기까지 사랑하심도 신기하다.

사랑이란

세상의 그 어떤 사랑보다
충만한 사랑이 당신 안에

부모님의 사랑보다 깊으며
연인의 사랑보다 부드러운

그 사랑이 구름 기둥 되어
영혼을 포근히 감싸줍니다

세상의 그 어떤 사랑보다
완전한 사랑이 당신 안에

십자가 위에서 피 흘리시며
내 죄를 끌어안고 돌아가신

그 사랑이 불의 기둥 되어
영혼을 뜨겁게 밝혀줍니다.

사랑은 음악처럼

기도 중에
손을 올려보니
그 손을 타고 내려온 사랑은
봄처럼 따뜻하고 포근했습니다

예배 중에
귀를 기울이니
그 귀를 통해 들려온 사랑은
꿈처럼 부드럽고 감미로웠습니다

찬양 중에
마음을 드리니
그 마음을 감싸안은 사랑은
솜처럼 부풀어 커져 버렸습니다

회개 중에
눈물을 올리니
그 눈물에 젖어드는 사랑은
비처럼 우수수 쏟아져 내렸습니다.

봄소식

봄이 왔단다
비 내리면
흙이 기지개 켜고
연두색 새싹이 눈 뜨겠단다
하나님께 여쭈었다
겨울이 가고 봄이 왔다는데
내 인생에는 언제 봄이 오는지
내 영혼이 깨우친 대답은 이러하다
비가 오나 눈이 오나
햇살이 오나 바람이 오나
하나님과 함께함이
나의 따뜻한 봄이로구나
봄은 밖에 있는 게 아니라
내 안에 있었구나
하나님께서 우리에게 오셔서
우리와 함께 사신 후로는
우리는 늘 봄이다
그러니 어서 꽃 피우자
사랑하며 살자꾸나.

밤의 찬송

일요일 밤 침대에 누우니
감사가 매일 뜬 달빛처럼
평온하게 쏟아집니다

내게 오신 주님의 사랑은
동그란 풍선이 되고
기쁨은 부풀어 터질 듯합니다

내게 오신 주님의 사랑은
부드러운 솜사탕 되고
슬픔은 녹아서 스러진 듯합니다

이 세상 가장 큰 복은
하나님과 함께 사는 복
별빛처럼 내게 내려주셨습니다.

바라봄의 의미

누군가를 바라본다는 것은
그를 사랑한다는 것이다
고개를 돌려 외면해 봐도
눈길은 다시 강물처럼 흘러
그에게 닿는다
마음은 벌써 바람처럼 흘러
그를 만진다

연인의 얼굴을
아무리 오래 보아도
지겹지 않고 보고 싶듯이
자녀의 얼굴을
보고 보고 또 보아도
계속해서 자꾸 살펴보듯이

하나님께서는
사람의 마음과 모습을
끝도 없이 바라보신다
하나님의 바라보심
인간에 대한 애타는 관심
영원한 사랑을 품고 흘러온다.

반복

매일 똑같은 내용의 기도를
매일 끝까지 듣고 계시는
예수님의 자상하심이
나를 놀라게 해요

매일 똑같은 가사의 찬양도
매일 기쁘게 듣고 계시는
하나님의 사랑하심이
나를 놀라게 해요

매일 똑같은 일상의 시간을
매일 나란히 함께하시는
성령님의 인자하심이
나를 놀라게 해요.

바다

하나님의 바다 앞에 선다
은혜의 바닷물 점점 차올라
나를 충만하게 집어삼킨다
나는 죽고 파도만 고요히 울렁거린다
이해할 수 없는 아픔
용서할 수 없는 사람
거대한 파도로 일렁이며
사랑으로 덮어버리고 싶다
나라는 사람은
하나님께서 만드신 검푸른 물에 잠기고
새하얀 파도만 해변에 밀려온다
발자국 하나 남지 않은 모래사장 위에
삶의 눈물은 말끔히 지워져 버린다.

말씀

꽃에 앉은 나비처럼
마음에 앉은 말씀

풀잎 위의 이슬처럼
영혼을 굴러가는 말씀

연인의 고운 편지처럼
눈에 밟히는 말씀

봄날의 꽃비처럼
심장을 적신 말씀

내가 영원한 사랑으로
너를 사랑하노라.

도우심

나비 같은 날갯짓으로도
폭풍 같은 하나님의 품 안으로
날아오라 하신다
보잘것없는 여린 두 날개를
가냘프게 힘써 세웠을 때
나의 작은 날갯짓을 살리려고
호호 불고 있는 커다란 입김을 보았다
바람에 날아 폭풍의 눈 속으로 들어간다
고요 속으로 들어가 나비는 영광의 춤을 춘다.

낙서

아무 생각 없이 낙서를 해도
머릿속에 생각나는 이름
결국 당신을 그립니다

당신의 이름을
아침에 반짝이는 이슬에 남기고
저녁에 흘러가는 노을에 적어봅니다

당신의 언약을
봄에 피어나는 꽃잎에 쓰고
가을에 떨어지는 낙엽에 새겨봅니다

지구가 갈라져도
사랑이 나를 지켜주실 것입니다
하늘이 무너져도
약속이 나를 구해주실 것입니다

영원한 사랑의 주인이시여,
당신 안에 사랑의 원형이 존재합니다
우리는 당신께 사랑을 배워갈 뿐입니다.

나무

봄날 나무를 보고 있는데
주님의 음성이 들리는 듯
너는 삶이 아무리 분주해도
생명을 품어주는 사람이 되렴
새들도 둥지를 틀고
바람도 앉았다 가는 나무같이
사람을 품고 쉬어가게 해야 한다
가지를 길게 뻗어 그늘을 드리우고
너를 바라보는 사람들이
그곳에 앉아 잠시 쉬었다가
새처럼 다시 날아오르게 하렴
큰 나무의 가지는 안으로 파고들지 않고
많은 이들을 향해 활짝 뻗는단다
너의 웅크린 상처는 죄일 뿐
너는 사람들을 향해 팔을 크게 펼치는
사랑이 많은 나무가 되렴.

꿈결에 속삭이는 사랑

넌 나의 보석이란다
넌 나의 꿈이란다
밤하늘에 별이 새겨진 것처럼
너의 이름을 내 손바닥에 새기고
너를 불렀단다
벌처럼 날아가 나의 사랑을 옮겨라
슬퍼하지도 말고 외로워도 말고
사랑을 전하고 사랑을 주어라
믿음이 꽃피고 봄 오는 날이면
모두 나에게 돌아와 함께 머물 수 있도록.
나의 사랑은 멈추지 않는단다
참으로 어여쁜 나의 사랑아,
우리 함께 가자, 우리 함께 살자.

꽃

우연히 꽃을 보는
그대에게

사랑한다
말씀하신다

하나님은 표현을
기품 있게 하신다

꽃을 볼 때마다
사랑을 기억한다

모든 꽃의 꽃말은
순전한 사랑.

길

하나님 말씀 묻고
꽃을 따라가는 길
봄바람의 향기 속에
새로운 생명을 꿈꾸며

하나님 말씀 보고
별을 따라가는 길
짙은 어둠의 밤에도
빛의 진리를 바라보며

하나님 말씀 듣고
바람 따라가는 길
보이지 않는 미래를
믿음의 약속으로 붙들며

하나님 말씀 믿고
하늘나라 가는 길
삶의 고난을 지나서
영원한 사랑의 품으로.

감기

불청객으로 방문한 감기는
지독하게 떠나지를 않고
겨울을 괴롭히는 와중에
감사를 약으로 마셔야겠습니다

춥고 가난한 이웃들을
조금이나마 도와줄 힘 주심에 감사
따뜻한 집에서 눈 내리는 것을
볼 수 있게 하심에 감사

아름다운 단어가 적힌 책을
소리 내어 읽을 수 있어서 감사
주님 찬양하는 노래를
듣고 흥얼거릴 수 있어서 감사

묵은 기침으로 인한 불편은
긴 겨울을 이길 듯 큰 소리를 치더니
감사 바이러스를 이기지 못하고
주님 안에 눈 녹듯 사라져버렸습니다.

24시간

새벽에 눈을 뜰 때 사랑하신다
아침에 기도할 때 사랑하신다
밥 먹을 때 사랑하신다
공부할 때 사랑하신다
노래할 때 사랑하신다
일할 때 사랑하신다
잠잘 때 사랑하신다

당신은 주님의 24시간
당신은 주님의 매 순간

모든 순간
주님께 마음을 맞추고
주님의 눈빛을 바라볼 수 있기를.

5부

성도의 노래

영혼 깊은 곳에서

별과 달을 만드신
하나님께서
나의 슬픔과 아픔을 아시네

꽃과 풀을 만드신
하나님께서
나의 상처와 눈물을 치유하시네

오직 주님만이 채울 수 있는
깊은 공허와 어둠

나보다 나를 더 잘 아시는 분
나보다 나를 더 사랑하시는 분

매 순간 떠나지 않고
곁에서 힘을 주시네

세상이 아무리 크다 하여도
주님 사랑보다는 크지 못하네.

잠

잠은 악보 위 부드러운 쉼표
꿈속에서 당신을 잊고 건너뛰어도
자장가를 부르신다 지켜주신다

사랑하는 자에게 잠을 주신다는 약속
언약을 이루시려 내 얼굴을 만지신다
신실하신 손길에 스르르 눈이 감긴다

우리의 아픔도 피곤함도 잘 아시는 분
내일은 또 힘내라고 휴식을 주시는 분
오늘 밤도 잠에 감사하며 고운 꿈 꾼다.

중보기도 1

남을 위한 너의 기도
기쁘게 듣는단다
돈은 없고 힘은 없어도
아프게 사랑하는 마음 있어
슬퍼하는 사람 위해
지키고 싶은 사람 위해
두 손을 모은 너의 기도
너의 뜨거운 마음을 돌고
너의 반짝이는 입술을 돌아
꽃 한 송이로 하늘로 배달되어
붉은빛으로 꽃밭을 채우고
하얀빛으로 구름을 채운단다

기도가 사랑이다

사랑이 나이다

사람들 간에 서로 기도할 때

사랑이 사다리를 타고

하늘로 올라왔다 땅으로 내려갔다

사랑이 너에게 갔다가 나에게 왔다가

예쁜 향기로 하늘땅에 은은히 울려 퍼지니

내가 기쁠 수밖에.

중보기도 2

사랑하는 사람을
지켜달라는
나의 기도가
가슴속을 떠난 적이 없으니

숯덩이 같은 마음
재 아닌 향기 되어
하늘 높이 올라가길 원하네

먼지 같은 기도
생명을 지으신 창조주께서
꽃잎으로 받으시길 원하네

빗물 같은 기도
하늘을 지으신 창조주께서
생수로 받으시길 원하네

당신을 사랑하는 마음이
하나님께 닿기를 원하네
하나님께서 당신을
지키시길 간절히 원하네.

영원한 노래

바다를 만드심도
바다를 가르심도
우리를 구원하기 위함이었네

태양을 만드심도
태양을 멈추심도
우리를 구원하기 위함이었네

예수님 오심도
예수님 죽으심도
우리를 구원하기 위함이었네

죄인에서 의인으로
사망에서 생명으로
우리를 영원히 구원하시는

기적의 하나님
사랑의 하나님
나 영원히 노래하겠네.

아버지

오늘 하루 속상한 일 있었나요
하나님께 털어놔요 정직하게 말해봐요
하나도 숨기지 말고 모두 다 말해봐요

아버지 품 안은 세상이 줄 수 없는 평안
미움도 사라지고 용서할 힘 생겨요
아픔도 잠잠하고 소망이 자라나요

아무리 둘러봐도 기댈 어깨 없나요
하나님께 의지해요 하나님께 기도해요
하나님 아버지는 팔 벌려 기다리시죠

내가 너의 아버지란다
내가 너의 아버지란다.

언어

하나님께서는
못 알아들으시는
언어가 한 개도 없겠어요

세계 각국의 언어와 원주민의 언어
고대인의 언어와 현대인의 언어
사자의 언어와 고래의 언어
뱀의 언어와 꽃의 언어

하나님 앞에서는
우리 내면의 언어
한 마디 숨길 수 없겠어요

나의 시선과 독백과 생각
나의 찬양과 감사와 기도
나의 불평과 낙심과 교만
낱낱이 유심히 들으시는 분

하나님의 새처럼

믿음 사랑 소망의 언어로

가슴을 채우고 노래하겠어요.

사마리아 여인

인간을 굽어보시고 사랑하시는 주님
사마리아 여인에게 찾아오셨듯이
제게도 친히 찾아오셨습니다

사막의 모래알 같은 제게 오신 기적
기쁨의 감격을 잊어버릴 때는
사마리아 여인을 떠올리곤 합니다

겉모습 아닌 존재 자체로
사람을 귀하게 사랑하시는 분
인간의 깊은 눈물을 닦으시는 분

사마리아 여인 그녀처럼
제가 어찌 그 사랑
전하지 않을 수 있을까요

메마른 땅에 단비로 찾아오신 주님
당신께서 오신 이후로는
영원한 봄이 떠나지를 않습니다.

모든 사람을 다 아신다

건물 안에도 사람들
아파트 안에도 사람들
거리에 다니는 사람들
지구상 팔십억의 사람들

그의 과거와 현재와 미래도
그의 스쳐간 작은 순간들도
그의 깊고 깊은 속생각들도
그의 웃음도 한숨도 눈물도

모든 사람과 그의 모든 것을
속속들이 알고 기억하시는 분
알고도 가장 사랑이 많으신 얼굴
하나님은 참 거대한 사랑이시구나!

미엘 전도사님

국화 같은 노랑으로
총총총 뛰어간다
하나님 섬기려고 사람을 도우려고
경쾌하게 걸어가는 걸음이
노란 들국화 같다
당신과 동행하신 하나님의 발자국
네 개의 발자국을 콩콩콩 찍고 다니는
소녀 같은 꽃이여
누구나 잡는 손에 따뜻함을 흘리고
누구나 안는 품에 눈물 흘리는
당신의 사랑에 아픈 자들 쉬어간다.

그리스도인의 노래

슬픈 눈물은 이제 그만 버려요
기쁨의 날개 펴고 하나님만 찬양해요
더 이상 울지 말아요

앞으로 가져야 할 것보다
이미 내가 가진 것을 감사해요
앞으로 받아야 할 사랑보다
이미 내가 받은 사랑 기억해요

은혜를 하나하나 별처럼 헤아려봐요
사랑을 하나하나 꽃잎처럼 세어보아요
감사를 하나하나 물감처럼 칠해보아요

꽃 한 송이도 하나님 선물
낙엽 한 장도 하나님 축복
내가 서 있는 모든 곳에서
하나님 사랑 노래해요.

구원

하나님이 우리의 아버지가 되신다는 것
하나님이 우리의 기도를 들으신다는 것

예수님이 우리 죄를 위하여 죽으셨다는 것
예수님이 사흘 만에 다시 살아나셨다는 것

성령님이 우리를 버려두지 않으신다는 것
성령님이 우리를 끝까지 인도하신다는 것

얼마나 크고 놀라운 사랑인가요
얼마나 기쁘고 복된 소식인가요.

고요한 밤

밤은 안식의 이불
오늘도 개미처럼 일하고
고단한 하루 끝에 이불을 펼쳐요

다리 아픈 밤에도
눈물 나는 밤에도
주님이 계신다는 한 가지 소망으로
그래도 삶이 아직 예쁜 색깔이에요

흘리는 땀방울도
흐르는 눈물도
하늘나라 향하는 보석 실은 배에
담아주실 주님이 계시기에 꿈이 있는 밤

약속을 구슬처럼 목걸이로 꿰어
베개 아래 고이 모셔두고
하나님 품에 안겨 평안히 잠들어요.

한 해를 보내며

크고 작은 고난의 파도를
타고 넘으며
올 한 해도 무사히
살게 해주셨지요

찬란하고 아름다운 세상을
보고 느끼며
올 한 해도 감사히
살게 해주셨지요

인생이란
눈에 보이지 않는 선물을
하늘로부터 매일 받는다는 것
알게 해주셨지요.

함께라면

어떤 역경도
주님과 함께라면
의미 없는 고난은 없어요

어떤 슬픔도
주님과 함께라면
닦이지 않을 눈물은 없어요

어떤 인생도
주님과 함께라면
가치 없는 삶은 없어요

그분과 함께한
정금 같은 시간
주님께서 계수하고 달아보십니다.

하나님이 계세요

외롭고 혼자라고 느낄 때
하나님이 계세요

낙심하고 눈앞이 캄캄할 때
하나님이 계세요

슬프고 눈물 날 것 같을 때
하나님이 계세요

웃고 평안하고 행복할 때
하나님이 계세요

언제나 어디서나 당신에게
하나님이 계세요.

겨울을 지나며

미끄러운 빙판을 지나갈 때
발걸음을 조심하며
땅을 보지 않고
하나님을 의지하는 당신에게

황량한 들판을 지나갈 때
겨울나무를 바라보며
메마른 가지를 슬퍼하지 않고
하나님을 기대하는 당신에게

매서운 한파를 지나갈 때
외투의 옷깃을 여미며
눈보라를 불평하지 않고
하나님께 소망을 두는 당신에게

바람 속에도 꺼지지 않는
따스한 빛을 넣어주시리
어둠 속에서도 흔들림 없는
빛나는 별을 넣어주시리.

100가지 중에서

내게 없는 한 가지로
애태우는 마음 버리렵니다
선물로 받은 아흔아홉 가지
바라보며 살아가렵니다

함께하시는 분은
하나님이시니
감사하며 살아가려 합니다

갖고 싶은 한 가지로
답답해하는 마음 버리렵니다
베풀어 주신 아흔아홉 가지
기쁘게 살아가렵니다

함께하시는 분은
예수님이시니
나눠주며 살아가려 합니다.

12월 31일

떠나는 해에게 인사하면서
하나님 감사합니다
365일 생명의 빛 주시고
돌보아 주셨지요

오는 해에게 인사하면서
하나님 감사합니다
365일 소망의 샘 주시고
인도해 주시겠지요

새해에는
나의 좁은 슬기를 버리고
주님의 사랑을
바위처럼 굳게 신뢰하겠습니다

하루의 비바람도
주님 곁에 꼭 붙어 견디고
하루의 햇살도
주님 곁에서 기쁘게 쬐겠습니다.

2월의 소문

겨울의 애매한 끝에
봄을 향해 달려가라

안 될 것 같았지만
못 할 것 같았지만

인내하고 기다리면
늘 봄꽃이 핀다더라

그분께선 겨울도 봄도
붙여서 함께 주시더라

꼭 버티고 살아서
소망의 꽃 피워라.

성도

내 모든 것 주님께 받은 것이나
가장 많이 받은 선물은
용서와 사랑입니다

그렇기에 내가 이 땅에서 살면서
가장 많이 주어야 할 선물도
용서와 사랑입니다

어두운 새벽녘
눈물로 부르짖어 기도하더라도
기도의 끝은 언제나 기쁨과 찬양이고

컴컴한 밤길
사는 것이 아무리 고생길이라도
십자가의 끝은 반드시 하나님 품 안이니

주님과 함께 사는 우리들
성도의 삶은 샘솟는 사랑입니다
성도의 삶은 빛나는 은총입니다.

밤

성경을 읽고 눈을 감습니다

밤하늘에 글자가 있습니다

하나님은 나를 사랑하신다

별보다 예쁘게 쓰여있습니다.

찬송

낙엽이 나무에서 떨어지듯
사랑하는 사람들 간에
한 번은 이별이 찾아오지만

내가 주님을 사랑함은
주님이 나를 사랑하심은
언제까지나 헤어짐이 없으리

흐르는 물을 끊을 수 없듯이
그 사랑의 흐름도 끊을 수 없어
끝이 없는 시간 속에 함께하리라

주님의 피로 맺어진 약속
죽음에서 나 살리시고
주님의 몸과 연결된 나의 탯줄
죽음도 끊을 수 없으니

내가 주님을 사랑함은
주님이 나를 사랑하심은
영원토록 헤어짐이 없으리.

빛의 마을에 산다

ⓒ 한주영, 2025

초판 1쇄 발행 2025년 6월 26일

지은이	한주영
펴낸이	이기봉
편집	좋은땅 편집팀
펴낸곳	도서출판 좋은땅
주소	서울특별시 마포구 양화로12길 26 지월드빌딩 (서교동 395-7)
전화	02)374-8616~7
팩스	02)374-8614
이메일	gworldbook@naver.com
홈페이지	www.g-world.co.kr

ISBN 979-11-388-4408-6 (03810)

- 가격은 뒤표지에 있습니다.
- 이 책은 저작권법에 의하여 보호를 받는 저작물이므로 무단 전재와 복제를 금합니다.
- 파본은 구입하신 서점에서 교환해 드립니다.